HOW
TO
STOP
BREXIT

A comprehensive guide to keeping Britain in the European Union

BEN BROWN

YOU
CAN'T

YOU
CAN'T

YOU
CAN'T

YOU
CAN'T

YOU
CAN'T

YOU
CAN'T

YOU
CAN'T

YOU
CAN'T

YOU
CAN'T

YOU
CAN'T

YOU
CAN'T

YOU
CAN'T

YOU
CAN'T

YOU
CAN'T

YOU

CAN'T

YOU
CAN'T

YOU
CAN'T

YOU
CAN'T

YOU
CAN'T

YOU
CAN'T

YOU
CAN'T

YOU
CAN'T

YOU
CAN'T

YOU
CAN'T

YOU
CAN'T

YOU
CAN'T

YOU
CAN'T

YOU
CAN'T

YOU
CAN'T

YOU
CAN'T

YOU
CAN'T

YOU
CAN'T

YOU
CAN'T

YOU
CAN'T

YOU
CAN'T

YOU
CAN'T

YOU
CAN'T

YOU
CAN'T

YOU
CAN'T

YOU

CAN'T

YOU
CAN'T

YOU
CAN'T

YOU
CAN'T

YOU
CAN'T

YOU
CAN'T

YOU
CAN'T

YOU
CAN'T

YOU
CAN'T

YOU
CAN'T

YOU
CAN'T

YOU
CAN'T

YOU
CAN'T

YOU
CAN'T

YOU
CAN'T

YOU
CAN'T

YOU
CAN'T

YOU
CAN'T

YOU
CAN'T

YOU
CAN'T

YOU
CAN'T

YOU
CAN'T

YOU
CAN'T

YOU
CAN'T

YOU
CAN'T

YOU
CAN'T

YOU
CAN'T

YOU
CAN'T

YOU
CAN'T

YOU
CAN'T

YOU

CAN'T

YOU
CAN'T

YOU
CAN'T

YOU
CAN'T

YOU
CAN'T

YOU
CAN'T

YOU
CAN'T

YOU
CAN'T

YOU

CAN'T

YOU
CAN'T

YOU
CAN'T

YOU
CAN'T

YOU
CAN'T

YOU
CAN'T

YOU
CAN'T

YOU
CAN'T

YOU
CAN'T

YOU
CAN'T

YOU
CAN'T

YOU
CAN'T

YOU
CAN'T

YOU
CAN'T

YOU
CAN'T

YOU
CAN'T

YOU
CAN'T

YOU
CAN'T

YOU
CAN'T

YOU
CAN'T

YOU
CAN'T

YOU
CAN'T

YOU
CAN'T

YOU
CAN'T

YOU
CAN'T

YOU
CAN'T

YOU
CAN'T

YOU
CAN'T

YOU
CAN'T

YOU
CAN'T

YOU
CAN'T

YOU
CAN'T

YOU
CAN'T

YOU
CAN'T

YOU
CAN'T

YOU
CAN'T

YOU
CAN'T

YOU
CAN'T

YOU
CAN'T

YOU
CAN'T

YOU
CAN'T

YOU
CAN'T

YOU

CAN'T

YOU
CAN'T

YOU
CAN'T

YOU
CAN'T

YOU

CAN'T

YOU
CAN'T

YOU
CAN'T

YOU
CAN'T

YOU
CAN'T

YOU
CAN'T

YOU
CAN'T

YOU
CAN'T

YOU
CAN'T

YOU
CAN'T

YOU
CAN'T

YOU
CAN'T

YOU
CAN'T

YOU
CAN'T

YOU
CAN'T

YOU
CAN'T

YOU
CAN'T

YOU
CAN'T

YOU
CAN'T

YOU
CAN'T

YOU
CAN'T

YOU
CAN'T

YOU
CAN'T

YOU
CAN'T

YOU
CAN'T

YOU
CAN'T

YOU
CAN'T

YOU
CAN'T

YOU
CAN'T

YOU
CAN'T

YOU
CAN'T

YOU
CAN'T

YOU
CAN'T

YOU
CAN'T

YOU
CAN'T

YOU
CAN'T

YOU
CAN'T

YOU

CAN'T

YOU
CAN'T

YOU
CAN'T

YOU
CAN'T

YOU
CAN'T

YOU
CAN'T

YOU
CAN'T

YOU
CAN'T

YOU
CAN'T

YOU
CAN'T

YOU
CAN'T

YOU
CAN'T

YOU
CAN'T

YOU
CAN'T

YOU
CAN'T

YOU
CAN'T

YOU
CAN'T

YOU
CAN'T

YOU
CAN'T

YOU
CAN'T

YOU
CAN'T

YOU
CAN'T

YOU
CAN'T

YOU
CAN'T

YOU
CAN'T

YOU
CAN'T

YOU
CAN'T

YOU
CAN'T

YOU
CAN'T

YOU
CAN'T

YOU
CAN'T

YOU
CAN'T

YOU
CAN'T

YOU

CAN'T

YOU
CAN'T

YOU
CAN'T

YOU
CAN'T

YOU
CAN'T

YOU
CAN'T

YOU
CAN'T

YOU
CAN'T

YOU
CAN'T

YOU
CAN'T

YOU
CAN'T

YOU
CAN'T

YOU
CAN'T

YOU
CAN'T

YOU
CAN'T

YOU
CAN'T

YOU
CAN'T

YOU
CAN'T

YOU

CAN'T

YOU
CAN'T

YOU
CAN'T

YOU
CAN'T

YOU
CAN'T

YOU
CAN'T

YOU
CAN'T

YOU
CAN'T

YOU
CAN'T

YOU
CAN'T

YOU
CAN'T

YOU
CAN'T

YOU
CAN'T

YOU
CAN'T

YOU
CAN'T

YOU
CAN'T

YOU
CAN'T

YOU
CAN'T

YOU
CAN'T

YOU
CAN'T

YOU

CAN'T

YOU
CAN'T

YOU
CAN'T

YOU
CAN'T

YOU
CAN'T

YOU
CAN'T

YOU

CAN'T

YOU
CAN'T

YOU
CAN'T

YOU
CAN'T

YOU
CAN'T

YOU
CAN'T

YOU
CAN'T

YOU
CAN'T

YOU
CAN'T

YOU
CAN'T

YOU
CAN'T

YOU
CAN'T

YOU
CAN'T

YOU
CAN'T

YOU
CAN'T

YOU
CAN'T

YOU
CAN'T

YOU
CAN'T